KB264614

키즈아이콘

키즈아이콘은 아이들의 꿈과
생각을 키우는 신나고 재미있는
책을 만듭니다.

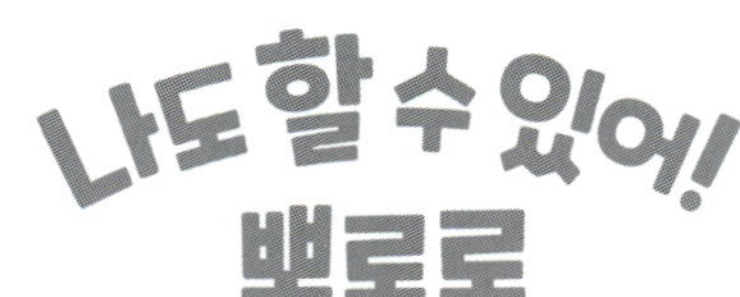


**2008년 6월 24일 초판 1쇄 발행 | 2025년 10월 31일 개정증보판 11쇄 발행**

**발행인** 최종일 **발행처** (주)아이코닉스 **기획** 키즈아이콘
**총괄책임** 서현수 **편집책임** 박정은 **편집** 장보원 조윤수 김예진 이유진
**디자인** 김미선 이순영 권혜원 경희정 **3D제작** 스튜디오게일
**제작책임** 신초희 **제작관리** 이수란 김미래 김세미
**마케팅책임** 김미경 **마케팅** 이창열 서연지 심동수 이경재 이미나 지승한 송호성 이지연
**주소** 경기도 성남시 분당구 판교로 255번길 64 **고객 센터** 1566-0855
**출판등록** 2008년 11월 4일(제 2014-000009호) **홈페이지** www.iconix.co.kr
**뽀롱뽀롱 뽀로로** ⓒ ICONIX/OCON/EBS/SKbroadband

# 나도 할 수 있어! 뽀로로

키즈아이콘

오늘은 뽀로로와 친구들이 소풍을 가는 날이에요.
"얘들아, 안녕!"

“어서 와, 뽀로로!”
기차에 탄 친구들이 뽀로로와 크롱을 반겼어요.

"자, 출발합니다!"

뽀로로와 친구들을 태운 기차는 넓은 눈밭을 지나고

높은 산을 넘어서

아름다운 숲에 도착했어요.

"이제 무엇을 할까?"
루피와 패티는 음식을 만들고, 포비와 에디는 집을 짓기로 했어요.

“우린 불을 피울 나뭇가지를 가져올게.”
뽀로로, 크롱 그리고 해리는 숲속으로 향했어요.

얼마 뒤 뽀로로와 크롱은
나뭇가지를 한 아름씩 들고 숲에서 나왔어요.

그런데 키가 작은 해리는
나뭇가지를 조금 드는 것도 힘들어했어요.

"내가 제일 많이 가져왔어."
"나는 두 번째로 많이 가져왔어."
"내가 제일 적게 가져왔네."

뽀로로와 크롱이 해리에게 말했어요.
"해리야, 넌 다른 일을 하는 게 좋겠다."

해리는 얼음집을 짓고 있는 포비와 에디를 도우러 갔어요.
하지만 해리가 가져온 얼음은 너무 작아서 쓸모가 없었어요.

포비가 해리에게 조심스럽게 말했어요.
"해리야, 루피와 패티를 도와주는 게 어때?"
그래서 해리는 음식을 만들러 갔어요.

하지만 음식을 만드는 것도 해리에게 힘들기는 마찬가지였어요.

"내가 잘할 수 있는 건 아무것도 없는 걸까?"

그때 갑자기 눈보라가 불기 시작했어요.
친구들은 숲으로 들어간 뽀로로와 크롱이 걱정되었어요.
그러자 해리가 나섰어요.

"내가 찾아볼게."

숲에는 세찬 눈보라가 몰아쳤어요.
"꼭 찾아야 해!"

하지만 해리는 친구들을 찾아 계속 날아갔어요.
"포기할 수 없어!"

한참 동안 숲속을 헤매던 해리는
나무에 아슬아슬하게 매달려 있는 뽀로로와 크롱을 발견했어요.
"찾았다!"

잠시 후, 해리는
뽀로로와 크롱이 있는 곳으로
포비를 데려왔어요.

"얘들아, 오래 기다렸지?"

"고마워, 해리."
뽀로로와 크롱은 진심으로 해리에게 고마워했어요.
친구들도 모두 해리를 칭찬했어요.

“나도 잘할 수 있는 게 있구나!”

여행에서 깊은 우정을 쌓은 뽀로로와 친구들은
기차를 타고 높은 산을 넘어 넓은 눈밭을 지나서
모두 무사히 집으로 돌아왔답니다.

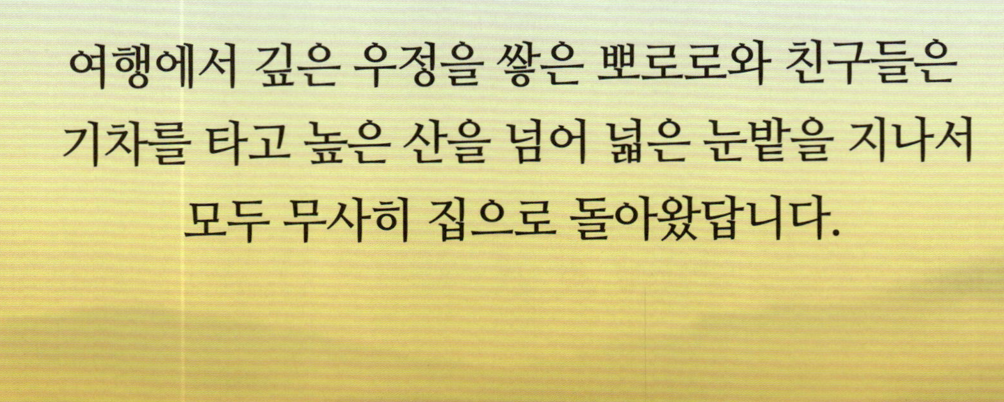

Crong
Harry Poby

# 나도 할 수 있어!

내가 좋아하는 일,
내가 잘할 수 있는 일을
생각하고 말해 보세요.

그림을 잘 그릴 수 있어!
동물을 잘 돌볼 수 있어! 
노래를 잘 부를 수 있어!

참 잘했어요
나는
잘할 수 있어!